AF562320

LA

CRISE SOCIALE.

Malheureux insensés, vous ressemblez à des passagers qui s'entredéchirent sur un vaisseau, pour quelques voies d'eau, que les uns et les autres veulent boucher à leur manière : dans l'instant même, passagers et vaisseau, tout va s'engloutir dans un gouffre. (*M.* SERVAN, *avocat-général de Grenoble*, novembre 1789.)

PARIS,
A. PIHAN DE LA FOREST, IMPRIMEUR,
RUE DES NOYERS, N° 37.

1833.

« Justement, la liberté est d'autant plus prônée, à l'époque même, où la dégénération morale s'oppose à ce qu'elle soit comprise en son vrai sens, où la civilisation matérielle exige qu'elle soit contenue sous des limites étroites.

« Il y a une démarcation tranchante, une solution de continuité, entre la classe mitoyenne qui se sent tourmentée de la faim-valle de liberté, et les classes inférieures, que tenterait aussitôt le festin qu'elle se serait préparé : auxquelles la force ne manque pas pour en faire leur proie.

« Il y a une tendance illimitée de l'industrie, dont le caractère est de monopoliser, en peu de mains, la fabrication; et par conséquent de créer une race de serfs, qui, abrutis et appauvris à la fois, au premier instant de détresse, se révoltent contre la société.

« D'où les vrais amis de la liberté sont empressés à resserrer son domaine dans la crainte qu'il ne soit envahi : tandis que les faux amis de la liberté aspirent à étendre ses conquêtes, que doit dévorer l'anarchie, puis la tyrannie. » (*Du Dénouement de la crise :* décembre 1829.)

La leçon des peuples venait après celle des princes.

Ni peuples, ni princes n'entendent : et ne prévenant pas, ils ont ou auront à subir.

Les uns et les autres se tiennent sous le coup de la loi de l'impossible, dont la formule générale fut rendue en ces termes :

« Pour les princes comme pour les peuples, dès-lors qu'ils se sont chargés d'une somme d'autorité ou de liberté, supérieure à leur capacité, le faix les écrase ; et comme la fausse honte empêche de s'en débarrasser, il leur faut mendier quelque appui pour les soulager, déléguer une forte part de la tâche.

« Ainsi apparaissent dans les empires, les proconsuls et les pachas, les préfets du prétoire, et les maires du palais ; ainsi pendant les révolutions, surviennent les Cromwell, les Buonaparte, les Bolivar, auxquels la liberté inquiète de ses périls, fatiguée de ses écarts, se livre pieds et poingts liés.»

Les passions sont en lutte : la sottise et la folie sont en jeu.

Or que fait la vertu? que dit la raison? Rien.

La vertu abdique; la raison abjure. Et qui sait quel mal eût été évité, quel bien eût été amené par leur intervention!

Il n'y a à accuser, et les vices du cœur, et les travers de l'esprit, qu'en seconde ligne.

Là, l'effet seulement, ailleurs, la cause même, est frappé de la culpabilité.

Le crime n'est fait par une main aveugle, qu'autant que le bras éclairé le laisse faire.

C'est la vertu, la raison, qui sont criminelles au premier degré.

Enfin, il faut entendre que les péchés d'omission, chargent la conscience, bien au-delà des péchés de commission.

Ceux-ci s'échappant d'ordinaire au contrôle de la réflexion; lequel manque rarement à ceux-là.

Vienne donc, quiconque a de l'ame et du sens, a du cœur et de la tête.

Vienne quiconque a une religion, une patrie, une famille, une existence.

Vienne surtout qui a du talent, du renom.

Que l'homme se mette à nu, dépouillé d'humilité, comme de vanité.

Que l'intelligence apprécie, ou laisse apprécier ses pouvoirs; et que la conscience s'expose, ou se laisse exposer ses devoirs.

Que l'influence soit exercée suivant l'extension des moyens, jusqu'à l'épuisement des moyens.

Car la créature est tenue à user des dons dont elle fut douée par le Créateur.

La tâche est de rendre le sens, de rendre l'ame, à ces êtres originairement formés à l'image de Dieu.

L'ame fait l'homme : par l'esprit, il s'élève au-dessus de la brute ; sans l'ame, il baisse au-dessous de l'animal.

L'ame fait la société : à défaut, ce n'est plus qu'un tas, qu'un amas d'existences incohérentes, inconsistantes.

Or, dans les révolutions, l'ame se perd : tantôt pourrie chez les fauteurs, sous le coup des vicissitudes fréquentes : tantôt flétrie chez les patiens, par le vent continu de l'adversité.

Le sens rallie les hommes, lie la société.

C'est sur son terrain, dans son domaine, que vont lutter avec armes courtoises et pactiser par arbitrage, les intérêts, les passions, les systêmes.

En l'absence du sens, le lieu manque où l'on puisse se rendre de bord et d'autre, où l'on puisse s'entendre.

Chaque parti se confine en son étroite sphère, et prétend y attirer le parti adverse, en l'arrachant à la sienne.

Chaque parti fait usage d'un argot qui n'est qu'à lui, se choquant qu'il ne soit pas compris par l'autre.

Tellement que venant à s'aborder par chance, les têtes se heurtent violemment, se brisent en éclats.

Rendre le sens, rendre l'ame : telle est la tâche.

On ne sait s'il y a ou s'il n'y a pas à l'accomplir : on sait seulement qu'il y a à s'acquitter.

Il n'est donné que de tenter, comme il est ordonné de tenter.

L'être social est en travail, est en peine de l'enfantement le plus périlleux.

Pour la première fois depuis la création, la crise est universelle, s'étendant de l'Amérique jusqu'à l'Egypte.

C'est comme un des actes inconnus en nombre du drame de la Palingénésie sociale : tel qu'il a été exposé en langage sublime par la muse des temps passés et futurs. (*Vision d'Hébal.*)

Les forces de la nature opèrent, suivant les décrets portés par la Providence.

On le voit, mais en vain.

Ici, on se refuse à croire, préférant attribuer au hasard des événemens, à l'erreur des conceptions, chaque phase, ce semble, isolée des autres ;

Là, on est privé de comprendre, se laissant entraîner par chaque incident passager, se laissant emporter hors de la règle, au-delà du mouvement prescrit d'en haut.

Ainsi le parti stagnant résiste en paroles aux faits déja réalisés, recule en idée devant le péril prêt à éclater.

Ainsi, le parti mouvant place le but dans les espaces fantastiques, et saute, pour l'atteindre, par dessus les points intermédiaires.

Double erreur, génératrice, à peu près au même degré, de l'immense désastre des fortunes et des existences, à la suite des révolutions.

Double erreur, propre à faire avorter le bien et pulluler le mal, à repousser les chances propices, à couronner la crise par une catastrophe.

C'est que, par un cercle vicieux, l'homme faiblit d'autant que les choses renforcent, et les choses renforcent d'autant que l'homme faiblit.

C'est que, par un cruel jeu du sort, la vanité s'élève en même raison que s'abaisse la capacité.

Par défaut de capacité, on ne voit pas ce qui peut être; par excès de vanité, on ne veut pas ce qui doit être.

Ni plus ni moins sage à l'apogée qu'à l'aurore des révolutions, des deux bords on ne fait état, on ne tient compte du temps.

Ici, on prétend opérer sur l'heure, l'œuvre réservée à l'action d'un long avenir; ainsi entravant son cours propice.

Là, on aspire à se soustraire à la loi préparée par le lent travail du passé; ainsi aggravant ses durs effets.

Frêles et débiles esprits! Les uns qui ne se doutent pas que c'est renier l'esprit du passé, de tenir à ses formes surannées.

Les autres qui s'imaginent que c'est accomplir les vues de l'avenir, de prendre le contre-pied des temps antérieurs.

D'où ils s'éloignent de plus en plus, s'entendent de moins en moins.

Et se confinant aux extrémités de la sphère sociale, se retirant en dehors du réel et du possible, ils n'ont à exercer qu'une influence perturbatrice et non préservatrice ou réparatrice.

Dans cette position excentrique, à cette distance incommensurable, il semble que les partis ont le sentiment intime de leur impuissance.

De part et d'autre, ils se bornent à attaquer le pouvoir, et dans son origine, et dans sa conduite, qui de même y prêtent fort.

Ils se gardent bien de prendre la charge pénible autant qu'oiseuse, d'exposer le développement de leur système.

Tellement qu'après la victoire, il y aurait à inventer plutôt qu'à appliquer le nouveau mode d'organisation sociale.

Et s'il est déja offert un grand nombre de modes, à peu près autant qu'il y a de feuilles publiques; lors de la mise en pratique, ce nombre décuplerait, centuplerait peut-être.

De plus, parmi la confuse mêlée, les partis en viennent à faire abstraction ou omission de leur but primitif :

Soit que l'espérance ne leur promette pas d'y atteindre de long-temps; soit que la passion, absorbée dans la lutte d'homme à homme, délaisse la chose même.

L'esprit de parti fait mépris de l'intérêt du parti ; et bien qu'il en tienne la vie, le met à mort.

Comme aussi, oublieux de sa source, suivant que le sort les jette à sa portée, il se sert des moyens incompatibles avec les fins.

La cause la plus morale est soutenue en une façon perfide : la cause la plus grave est défendue sur un ton ironique.

On n'a pas encore compris, que c'est transporter le combat sur un terrain inféodé à l'ennemi.

« Le monde est livré à un provisoire fatigant qui ôte aux gouvernemens, le pouvoir et même la volonté de rien finir : il semble qu'on se dise qu'il vaut mieux épuiser dans un demi-repos ce qui reste de durée à l'état présent, sans chercher à rien finir partiellement, puisque tout doit finir à la fois. » (*Courrier Français.*)

Les gouvernemens ne bougent, parce qu'ils craignent tout ; les partis se remuent, d'autant qu'ils n'espèrent rien.

Deux points sont connus aux uns et aux autres : la force des choses et leur propre faiblesse.

Les partis, quelle que soit leur conduite, n'ont point à s'assurer le triomphe, n'ont point à s'exposer à la défaite.

Sans peur et sans reproche, afin d'acquérir du crédit, ils se donnent de grands airs ; pour passer le temps, ils se font du jeu.

On les croit inconséquens, inconsidérés, en ce qu'ils semblent compromettre leur cause : ils sont au contraire très conséquens, attendu que leur cause ne dépend nullement d'eux.

Ainsi les feuilles se-disant royalistes, prennent leur plaisir à blâmer amèrement la branche aînée, et pendant son règne, et depuis son absence.

Comme si, dans l'opinion vulgaire, les travers et les torts des pères ne paraissaient pas inhérens à la race, ne menaçaient pas de renaître dans les enfans.

De même les feuilles se faisant monarchistes, commencent à établir en fait que le chef de la branche cadette gouverne par lui-même, et ne cessent de déblatérer contre les actes ministériels, c'est-à-dire contre ses œuvres.

Comme si de telles diatribes ne frappaient pas immédiatement sur la personne, ne devaient pas l'ébranler, la renverser du trône, où l'installa le scrutin.

La partie est mêlée, est brouillée au dernier point.

Ce n'est pas la confusion des langues ; c'est la confusion des pensées, des sentimens.

Au lieu qu'au pied de la tour de Babel, les hommes ne s'entendaient plus entre eux ; maintenant, sous le coup des révolutions, l'homme ne s'entend plus lui-même.

Quelques exemples viennent à propos.

Ici, des légitimistes prêchent le suffrage universel, c'est-à-dire la souveraineté du peuple en principe, et l'établissement de la république en conséquence.

Ils reconnaissent en point de droit, pour roi légitime, don Miguel, prince indigne, régent perfide, lâche usurpateur.

Là, des catholiques exaltent Guillaume le protestant, qui persécutait le culte, qui tourmentait ses ministres; et s'extasient devant Nicolas le schismatique, qui médite, qui force l'abjuration d'un peuple de fidèles.

Ailleurs, des révolutionnaires, au prix de tant de sang et d'argent, décernent l'omnipotence à la représentation d'un cinq-centième de la société, laquelle use du pouvoir, à l'effet d'opprimer, de pressurer, de torturer la population aux neuf-dixièmes.

Et oublieux des reproches long-temps ressassés, ils applaudissent à l'invasion du Portugal, par une bande d'étrangers, dans la vue d'y installer sa reine.

Et ambitieux d'une gloire imaginaire, ils sanctionnent par le silence, les barbaries, les atrocités commises en Afrique.

Et soucieux de la liberté universelle, ils abandonnent à la merci des farouches Russes, la généreuse Pologne, mise en insurrection à leur exemple, sur leur appel.

Quand il a été fait table rase, quand le sol a été nettoyé des débris épars, tout système politique ou religieux est bien venu à s'offrir, est certain de se faire admettre.

Tant d'une part, l'homme est dévoré de la soif instinctive de moralité et d'autorité.

Tant de l'autre, l'homme est borné à apprécier les effets, est privé de scruter les causes.

On a vu les religions, les institutions les plus absurdes, les plus atroces, exercer l'ascendant suprême et même quelque influence propice.

Mais pendant que la lutte dure entre l'ancien et le nouveau principe, il n'y a pas encore a fonder, il y a seulement à abattre.

Ardent et bouillant comme il est, le parti innovateur méprise l'aide du temps qui lui préparait un triomphe facile et durable; et, brusquant les attaques, il foudroie, il ruine la place, où son dessein est de se loger, de se tenir à l'abri de l'ennemi.

Que lui sert d'être vainqueur? La place enfin conquise, est démantelée, est ouverte au premier assaillant.

Dans le combat contre le pouvoir, il aura sapé

et miné les remparts de l'autorité; il l'aura détruite en ses fondemens.

Et maintenant, où s'asseoira sur les ruines l'autorité nouvelle?

Il se sera donné des auxiliaires, en se jouant des lois, en se moquant des mœurs, en s'alliant aux passions.

Et maintenant, comment s'inoculera dans les cœurs quelque moralité?

Certes l'autorité, la moralité reparaîtront; mais après que maintes et maintes révolutions s'étant supplantées, le sceptre absolu viendra à être invoqué par l'opinion, de guerre lasse.

On s'occupe trop des débats, on s'afflige trop des revers de l'ordre politique.

Là, ce ne sont que des formes; ailleurs est le fond. Là, ce ne sont que des causes; ailleurs est l'effet.

L'ordre politique doit être jugé, selon qu'il améliore ou détériore l'ordre social.

Or l'ordre social est affecté, est altéré, à raison des révolutions, plutôt que des institutions.

Celui-là, quel qu'il soit, étant immuable, sert celui-ci; étant variable, il le perd.

C'est le mal, le grand mal depuis un demi-siècle, que tel régime ait succédé à tel autre, qu'aucun régime n'ait persisté.

A chaque crise de lutte, les rapports sont en

suspens, les devoirs en débat, les mœurs en mépris, les passions en mouvement.

A chaque phase de triomphe, loin que les brèches se réparent, de nouvelles brèches s'opèrent.

Tour à tour vainqueurs ou vaincus, les partis passent d'un tort à l'autre, et ne se corrigent d'aucun, sauf en apparence.

Encore, dans l'ordre politique, les formes abolies ressuscitent sans fin.

Mais, dans l'ordre social, le fond ou le cœur, atteint et flétri, ne se ravive jamais.

« A travers les crises, la lie monte d'abord, et encroûte la surface : puis la masse entière se corrompt, se putréfie.

« Qu'on ne bouge pas l'homme. Sa raison, sa vertu, sont de routine : le mouvement, le frottement, en ont la fin. (*La Loi des circonstances*, 1830.)

A travers les chocs alternatifs, sous les coups réactifs des révolutions quelconques, ainsi se perdent toute autorité, toute moralité.

La restauration même, qui étant d'essence religieuse, tendait à rappeler l'une, à ranimer l'autre, ne devait être efficace en ce point, qu'à l'aide de la stabilité.

Et, soumise à la loi générale, son avénement subit a nui, plus que sa durée éphémère n'a servi.

La restauration, d'autant qu'elle influait dans un sens propice, d'autant en se faisant battre, en se laissant vaincre, a précipité le mouvement inverse.

Et son retour, sauf qu'il n'eût lieu à l'appel des vœux, en l'absence des efforts, dans le silence des passions, serait chargé d'une pareille fatalité.

Aussi voyez quelles sont les gens qui, à tout prix, par toute voie, prétendent brusquer le cours des choses et répudier l'aide du temps.

Qui ne se repent, ne se corrige : qui pécha d'abord, péchera de plus en plus.

Fidèles à leur sinistre vocation, les mêmes gens ont naguères, par leurs actes, par leurs paroles, amené la catastrophe; et maintenant ils en aggravent les suites, ils en éloignent le terme.

Immoler une princesse et incendier un pays : semer ici la discorde et là l'épouvante; mettre les partis aux prises; tenir le pouvoir en échec; empêcher le retour de l'ordre : les voilà.

Eh ! la seule chance de la légitimité, tenait à cette condition : que ceux qui l'ont tuée, ne se mêlassent pas de la ressusciter.

La royauté est disparue.

Son entrée dans le pays avait eu lieu sous les plus brillans auspices; son alliance avec le pays, s'était faite en la plus loyale façon.

Le cours miraculeux des choses, l'amenait, la soutenait.

Que d'art en faux sens, que de soins à rebours, il a fallu pour en avoir la fin.

Les hommes ont tout gâté, tout perdu.

La royauté reparaîtra-t-elle ?

On ignore si la Providence doit se montrer tellement miséricordieuse, que de pardonner à qui ne se repent (1).

Mais que les hommes n'interviennent pas : ils ont la main trop malheureuse.

Un art pareil, des soins semblables, seraient certains, et d'envenimer le présent, et d'entraver l'avenir.

Subir, endurer : voilà toute la science, toute la vertu.

D'où vient que le pouvoir nouveau est branlant et chancelant : sinon de ce que l'autorité a été assaillie, abolie aux mains de l'ancien pouvoir.

Que si on anéantit l'ombre d'autorité existante ; nul pouvoir n'aura moyen de se maintenir désormais.

C'est perdre l'ennemi, peut-être : et c'est aussi se perdre soi-même ; c'est perdre tout.

Au mal de l'anarchie, il n'est que le remède du despotisme.

---

(1) Chacun s'en va, cherchant ce qui lui plaît, ce qui flatte ses opinions, ses affections ; et s'il reste quelque chose à quoi l'on ne tienne guère, qui ne coûte rien à donner, ce sera pour Dieu.... Après cela, qui s'étonnera, qui se plaindra des jugemens d'en-haut ? (*M. de La Mennais* : novembre 1832.)

Qui donc peut croire, que sur le sol de la société, déja remué jusqu'en ses entrailles, enfin bouleversé de fond en comble, aille s'ériger à demeure, l'édifice monarchique du vieux temps.

Laissons la forme ; passons au fond. Effaçons le passé ; perçons dans l'avenir.

Après que la royauté est perdue, et même pour que la royauté se retrouve, il faut sauver la société.

Le temps s'est en allé, et n'est pas revenu, d'être royaliste : il n'y a plus qu'à être *socialiste*.

Un nouvel état de choses impose une autre règle, appelle un autre titre.

Voilà ce que tous les partis méconnaissent, même celui auquel l'intérêt allié au devoir, parle plus haut.

Toute autorité s'efface ; toute moralité s'éteint. A la fois, on s'en effraye, on y connive : tant la passion est aveugle.

Périsse la France plutôt qu'un principe : c'est le cri de guerre, autant qu'il semble.

Rien n'étonne moins, à voir de quelle espèce sont les meneurs.

Ici, des hommes en place qui ayant tout perdu, sont induits par instinct à tout perdre.

Là, des hommes de plume, dont l'être si léger ne risque pas de couler à fond, dont le lucre s'élève à raison de l'intensité des crises.

Sous leur ignoble entremise, la cause royale est peu à peu diffamée, est de plus en plus répudiée.

Viennent donc se mettre en lumière, en mouvement, les gens de bien et de sens.

Viennent se montrer, ceux qui entendent que l'homme est au pays, que le pays est à l'homme :

Axiomes sociaux : l'un qui dit le devoir, l'autre qui dit le droit.

La fausse mère du jugement de Salomon, qui préfère voir l'enfant partagé par le sabre, plutôt qu'il ne soit remis à la mère véritable.

Les matelots grossiers d'un vaisseau démâté, qui de ses débris, se font une arme pour se battre entre eux, plutôt qu'une aide pour se sauver tous.

Telle est l'image parlante de tous les partis.

Pour eux, rien n'est sacré; en tant qu'il leur semble marcher au succès, ou seulement se maintenir en crédit.

Il est fait de la religion, comme un champ de bataille : les uns s'efforçant de l'abolir dans les cœurs, effrayés de l'influence de ses ministres.

Et les autres, tantôt bafouant les mesures favorables du pouvoir, inquiets de la reconnaissance des fidèles; tantôt menaçant de sa puissance sur les peuples, insensibles aux actes de vindication.

Tellement que d'une part, tout respect lui est enlevé; que de l'autre, toutes ressources lui sont ravies.

Puis, il est fait du repos public, comme une partie de jeu.

Ceux-là, de temps à autre, et faute de mieux à dire, se mettant à exploiter la crédulité et la pusillanimité, au sujet de la Vendée.

Ceux-ci plus fourbes encore, allant jusqu'à proclamer que la paix n'est qu'une trève, et que l'insurrection s'apprête, et que les forces triompheront (1).

De sorte qu'à double titre, l'infortunée contrée est dévouée aux rigueurs du pouvoir, aux cruautés des agens.

C'est assez de deux exemples.

Tout tourne en affaire de parti : tout se transforme en débat politique.

Dans l'ordre religieux, moral, civil, rien ne reste intact.

Ici, tous les partis sont assimilés, sont de même blâmés.

C'est qu'entre eux, les principes si contrastans qu'ils soient dans la forme, sont au fond également égoïstes.

Et qu'au cas si rare d'exception à cette règle, la passion survenant à travers la lutte, met de côté les principes loyaux.

---

(1) Un parti ne meurt point d'un échec : les royalistes ont plus gagné de force morale, qu'ils n'ont perdu de force matérielle....

La Vendée a été comprimée ; elle n'a point éte vaincue : les nouvelles mesures de rigueur attestent les terreurs que les héroïques provinces de l'Ouest inspirent. (*Quotidienne* : 19 septembre 1833.)

N'importe la source pure ou impure ; alors que les eaux ont été troublées par la tempête, se sont chargées dans leur cours.

Deux points sont communs à tous les partis : l'hébêtement des esprits; la dégénérescence des ames.

L'expression d'hébêtement n'a à se plaindre que d'être faible : le cas actuel étant tout neuf, trop neuf pour un mot ancien.

La cause et la preuve gisent dans le journalisme.

Le pouvoir passé de mains en mains, s'est toujours montré imbécille à ce point, de ne pas voir que la censure légale devait être remplacée par la censure mutuelle (1).

Or, le monopole des journaux s'est fait maître des pauvres têtes de France.

Il n'est plus d'opinion privée; chacun attendant la feuille quotidienne, *pour connaître s'il eut raison hier, pour apprendre comment il aura raison demain.* (*Des Journaux*, 1827.)

Il n'est plus d'opinion publique ; tout journal la simulant à sa guise, l'étouffant sous son influence.

Le journal l'a dit : Au-delà, en-deçà de cette

---

(1) En 1827, 1828, 1829, nombre d'écrits ont été publiés à l'appui du système de la liberté pleine et entière des publications périodiques.

parole sans cesse rabachée ; on ne rencontre plus ni signe, ni présage d'intellectualité.

Seulement le journalisme est tenu à réveiller l'esprit assoupi, à flatter le cœur corrompu.

Ainsi exerçant l'empire au détriment de la politique, et conservant l'empire, aux dépens de la morale.

L'expression de dégénérescence, est mieux appropriée à rendre la tendance universelle des ames, à représenter l'état attenant à la dégradation, à la dépravation.

Sans doute, la tendance, l'attenance, ne se rencontrent pas au même degré.

Le degré plus ou moins haut est désigné et marqué, plutôt par la situation de vainqueur ou de vaincu, que par la qualification de royaliste ou de libéral.

En général, sous le rapport moral, l'infortune relève, la fortune abaisse.

C'est dire, où était, où est la suprématie en ce genre, sous la restauration, et depuis la révolution.

Du reste, les partis diffèrent à peine, tant l'esprit du siècle s'inocule, à l'insçu, se propage en silence.

Qui n'est pas révolutionnaire d'opinions, est néanmoins révolutionnaire de mœurs.

Bien que politiquement, on se tienne à l'extrême, moralement on se retrouve au niveau.

Ici et là, à peu près de même, il n'apparaît ni tendresse et révérence en famille, ni dévouement et fidélité entre amis, ni gratitude et compatissance envers personne, ni délicatesse et loyauté dans les rapports, ni respect au mérite, au malheur, seuls titres valables.

Telles sont les gens, fort mal venus à parler morale, justice, prudence.

Ils sont inconséquens; ils semblent perfides.

La parole qui jure avec la conduite, manque de crédit.

Plus ils parlent, moins on les croit : d'autant qu'ils promettent, moins on s'y fie.

Mieux vaudrait se taire tout-à-fait, et se comporter autrement.

Jusque-là, ni restauration ne survient, ni restauration ne se maintient.

La conclusion est claire et nette.

Il ne faut pas que les choses changent par les hommes; il ne faut pas que les choses changent sans les hommes.

Les hommes ont à se repentir, avant de mériter; ils ont à se corriger, avant de réussir.

Eh! comment serait-il fait une restauration, que serait-il fait d'une restauration, par des êtres hébêtés, dégénérés (1).

---

(1) Nous savions que tout ce royalisme tapageur et vani-

Lesquels, alors moins avancés sous ces deux rapports, l'ont déja rencontré par un coup de fortune, et bientôt l'ont perdu en dépit des présages.

Parfois, le ciel est plus à bénir dans ses rigueurs appropriées, que dans ses faveurs anticipées.

Qu'on attende, avec espoir peut-être, au moins avec respect; et qu'on se rende digne d'obtenir, qu'on se rende capable de profiter.

Certes, il y aurait plus de chances de restauration, comme il y aurait moins de risques de dissolution; si les meneurs répudiant la rage de gloire et la soif de lucre, s'étaient rendus d'abord à ces paroles de tristesse.

« Arrière les pensées égoïstes, même les sentimens généreux.

« Il y aura assez de troubles, sans que la volonté de l'homme vienne se joindre à la fatalité des choses.

« Il y a assez de chances éventuelles, sans qu'il faille y ajouter des chances intempestives.

« Qu'on laisse aller. Si le mécanisme social est monté sous un mode impossible, il faudra bien revenir aux anciens rouages.

« Et la conscience n'aura pas à se reprocher d'avoir agi à l'encontre de l'arrêt des destins,

---

teux de l'époque, produit plus d'écrivains que de soldats, et que MADAME trouverait beaucoup de gens prêts à mourir en prose ou en vers, mais fort peu sur un champ de bataille. (*L'Invariable* : Fribourg.)

toujours ignoré. (*La loi des Circonstances*: octobre 1830.)

Il y a de l'art dans la loyauté, de la force dans la soumission, de l'influence dans l'abnégation : surtout vis-à-vis d'un ennemi qui diffère en tout point.

Ainsi, on se met en belle position, on se tient en réserve, en attente.

Et l'ennemi est dérouté, est poussé à bout, est jeté hors de toute mesure.

La vraie politique ne tente point de perdre ses adversaires ; elle se borne à les laisser se perdre eux-mêmes : là, ayant trop de risques à courir, ici, étant servie par tant de chances.

Notre histoire le dit assez : tout parti se perd par ses propres fautes, ne se sauve que par les fautes étrangères.

De bord et d'autre, chaque pas étant un faux pas, nuit à soi-même, sert à l'ennemi.

Qui ne voit comment la cause royale a été compromise, a été perdue, à jamais, peut-être, par l'avidité et la vanité, par l'immoralité et la déloyauté de ses souteneurs ostensibles (1).

Qui ne voit comment, absorbés au soin de

(1) La sublime témérité d'une mère a échoué, même dans l'héroïque Vendée. Le despotisme a appesanti le droit du sabre sur tous les partis : enfin, Dieu semble s'être retiré de nous ; et jamais espérance de restauration n'a paru plus difficile et plus éloignée. (*L'Invariable* : Fribourg.)

flatter les passions du parti, ils ont irrité les passions du parti inverse?

De leur part, il y a sottise et forfait.

Sottise de prétendre fonder la royauté, sur les ruines de la société.

Forfait de briser les liens de la société, dans l'espoir du retour de la royauté.

Que l'ordre social quelconque soit ébranlé, soit renversé : les fondemens mis au jour, frappés de lumière, dévoilent, révèlent la souveraineté du peuple, autrement la démocratie absolue.

Car telle est la première assise des bâtisses en ruine, la pierre d'attente des constructions en projet.

Encore le parti républicain, par l'âpreté du langage, par l'audace de la conduite, avant qu'il n'en vienne à glacer de terreur, perd plutôt qu'il ne gagne dans l'opinion.

En sens contraire, le parti qui se dit royaliste et qui n'est qu'égoïste, comme nulle chance n'est mûre pour lui; par ses attaques de toute sorte contre le pouvoir, apporte des armes, amène des recrues à la démocratie.

D'autant qu'il frappe juste et fort, l'autorité étant tuée dans ses formes actuelles, ne doit ressusciter sous quelque autre mode, qu'au dernier terme de la formidable leçon.

Et la démocratie est chargée de donner cette leçon : la démocratie est installée dans la chaire, sous ses auspices.

D'autant qu'il se montre et s'affiche, les plaies du cerveau, toutes fraîches encore, venant à se rouvrir, ne doivent désormais être cautérisées qu'après un temps indéfini.

Et la démocratie est débarrassée d'un ennemi, n'est plus embarrassée que d'elle-même.

Ainsi, pour refaire la restauration, on fait de la révolution au plus haut degré.

Pour ramener la royauté, on mène la société au point final de dissolution.

Comme si, au période extrême du mal, le remède le plus énergique n'était pas requis.

Comme si afin de réprimer les uns, de protéger les autres, il ne fallait pas moins que le froid tranchant du sabre.

Quelqu'un a dit que le prince régnant était le dernier roi possible.

Et cela est vrai: parce que la transmission de la royauté d'une tête à l'autre, la montre trop à nu, la laisse comme en l'air.

Parce que l'invention de la royauté a eu lieu par un jeu de la fatalité et en désespoir de cause.

Parce que l'expression de la royauté, réduite aux moindres dimensions, n'a plus qu'à s'effacer, à s'évanouir.

Qu'il plaise ou non à ceux-ci, à ceux-là, le prince régnant est peut-être un roi possible, est certes le dernier roi possible.

De même, l'ordre ou l'état social existant est, en ces temps, le dernier état possible.

Parce que la société, tant de fois désorganisée et réorganisée, est disloquée en ses rudimens intimes.

Aussi, vous, démocrates, qui y voyez une fin, et vous, royalistes, qui n'y voyez qu'un moyen, votre mécompte sera commun.

Vous n'aurez pas une république.

La république est un mode d'état social, est même, en imagination, le mode le plus parfait.

Or, comment créer ou recréer une société, une association; alors que l'individualité est rendue au point extrême, alors que la mutualité est repoussée de toute part?

Comment maintenir une société avec des droits à respecter et des devoirs à accomplir; alors que l'idée est délivrée de frein, est dépourvue de sens.

A la première révolution, les pierres de l'ancien édifice étant seulement tombées au pied des murailles, il y avait moyen de rebâtir.

Après une douzaine de révolutions, les débris de maintes bâtisses étant entassés au hasard ou broyés en poussière, la chose est impraticable.

Il n'y aura pas de république.

Il n'y aura pas même une révolution, c'est-à-dire un mouvement autour du pivot social.

Ce sera une subversion, un bouleversement de fond en comble; le pivot étant brisé sans retour.

Les crises politiques sont toujours funestes dan

leurs moyens, bien que propices par fois dans leurs fins.

Il leur faut écraser les classes d'élite sous les ruines de la hiérarchie, et les ministres du culte sous les ruines de la religion.

Il leur faut abolir toute autorité, toute moralité.

Cela fait, comme en 1789, en 1829, le mouvement éclate soudain, ne s'arrête pas si tôt.

On a semé du vent, on a soufflé les passions : maintenant viennent les tempêtes, les désastres.

Un Dieu n'est pas là pour prononcer le fameux *Quos ego*.

Ainsi eut lieu, en 1790, en 1830, l'insurrection des masses citadines et campagnardes.

Celle-ci, moins vive et moins subite, plus intense et plus durable, qui, la dernière fois, fut répercutée jusqu'en Angleterre, qui, la prochaine fois, serait propagée partout, poussée au-delà de tout (1).

---

(1) « A la nouvelle des événemens de Paris, une fausse idée de liberté, a soufflé aux paysans, des prétentions illimitées. » (*Courrier.*)

« Les laboureurs en sont venus à croire que l'inégale division de la propriété, était la cause de leur misère. » (*Observer.*)

« Les personnes aisées ne sont plus vues qu'avec horreur, comme ayant ravi les produits du travail d'autrui. » (*Chronicle.*)

« Un vide immense a été creusé entre les extrêmes de la hiérarchie sociale : toute sympathie s'est éteinte entre ceux qui ont du bien, et ceux qui n'ont que leurs bras. « (*Times.*)

On ne prend souci de satisfaire le peuple ; on prend soin de l'éclairer, de l'encourager.

Après que les voies ont été ouvertes sous ses pas, le flambeau lui est remis dans les mains.

Or, l'inonder de lumière, le laisser sans pain : c'est se comporter à rebours du bon sens, du bon droit.

Et suivant que dans la succession des crises politiques, l'exemple est donné de nouveau, l'espoir est trahi de nouveau, le péril redouble.

L'instinct est confiné au dedans, ne se reflète point au dehors : sous son règne, à peine l'être se rend compte de ses souffrances ; et nullement n'en tient compte vis-à-vis des autres.

Telle est la brute : tel est l'homme ; en tant qu'il est abruti, d'autant qu'il est abruti.

Le premier rayon de lumière, éclaire au dehors, et met en contact l'être avec les êtres.

Ainsi naît la comparaison, la raison relative.

Le clair-voyant devient mécréant, devient haineux de l'autorité, envieux de la hiérarchie.

Car la lumière manque à montrer, ou la vue manque à saisir, et l'ensemble des corrélations, et les suites de la subversion.

Déja, l'équilibre est difficile à garder en repos; au moindre mouvement, la machine se détraque.

Une crise encore ! l'ouvrier expulsé du travail, exténué de besoin, se fait justice, fait sa part lui-même.

Une crise encore! le paysan excité par le double exemple des fortunes spoliées et des fortunes spoliatrices, se rue sur la grande et la moyenne propriété; et aigri par la résistance ou enivré de la victoire, brûle châteaux, maisons.

Rien ne retient: ni les habitudes dès long-temps rompues, ni les lois maintenant méprisées, ni les mœurs enfin anéanties.

Appris par l'expérience, les pères de famille viennent-ils à s'entremettre?

Leur temps n'est jamais venu: jeunes, ils étaient soumis; vieux, ils sont bafoués.

Oublieux des périls, les ministres de la religion osent-ils intervenir?

Leur temps est passé, à jamais peut-être. La foudre menaçait; la foudre frappe.

Si c'est qu'une goutte de sang français soit recélée dans les veines; frémissez, ultra-révolutionnaires; rougissez, contre-révolutionnaires!

Qu'est-ce donc de la France?

Pays unique, peuple unique: celui-là qui reçut, celui-ci qui trahit les plus nobles, les plus douces destinées.

Hélas! sous Charles X, au lieu de lancer une adresse chargée de présages fulminans, il y avait à se reposer sur les bénéfices du temps, à patienter jusqu'à l'avènement d'un règne propice. (1)

---

(1) « L'adresse des 221, sommait les Bourbons de se ré-

Même sous Louis-Philippe, au lieu de mettre le feu aux têtes, il y avait d'un bord à s'abandonner au cours progressif des choses ; de l'autre, à se repentir, à expier les fautes du passé.

Ainsi, l'Europe estimait, imitait.

Mais, en l'état d'anarchie où la France serait jetée, les amis se prennent d'horreur, l'ennemi prend en mépris.

Que ce soit, justice contre les chefs, pitié envers les victimes, l'Europe s'allie, s'arme, s'avance.

Où donc serait la résistance, alors qu'en immense majorité, les Français n'aspirent qu'au retour de l'ordre, du calme.

« La France se défend à peine.

« La France est lassée, est comme dégoûtée d'elle-même.

« La France se laisse aller, cesse d'être : il n'y a plus de France.

« Libre et maître alors, le fer tranche ses destinées, la relègue à l'étroit, lui ravit tout avenir : indifférent du reste, au morne sceptre, qui va la régir. (*Les Périls du temps* : novembre 1830.)

---

signer à *trôner* sans gouverner, à recevoir leurs ministres de la chambre élective, à n'être plus rien que ce que Napoléon appelait énergiquement *des cochons à l'engrais*. C'était là, la monarchie constitutionnelle des 221, qui ne pouvait avoir le sens commun, qu'à la condition d'être considérée comme une transition au gouvernement représentatif sans roi.

Charles X se regimba ; il ne voulut pas de ce régime de monarque à l'engrais. (*National* : 20 août 1833.)

A. Pihan de la Forest, imprimerie des Noyers, 37.

www.ingramcontent.com/pod-product-compliance
Lightning Source LLC
LaVergne TN
LVHW010303230826
846091LV00007BB/2675

* 9 7 8 2 0 1 9 2 7 9 6 9 1 *